Vente du 20 Mai 1898

(SALLES SILVESTRE)

CATALOGUE

DE LA

BIBLIOTHÈQUE

DE FEU

M. G. RENOUARD

DEUXIÈME PARTIE

OUVRAGES ANCIENS ET MODERNES
SUR LA BOTANIQUE, LES BEAUX-ARTS, LES BELLES-LETTRES,
L'HISTOIRE, ETC.

PARIS

ÉM. PAUL ET FILS ET GUILLEMIN

LIBRAIRES DE LA BIBLIOTHÈQUE NATIONALE

28, RUE DES BONS-ENFANTS, 28

1898

LA VENTE AURA LIEU

Le Vendredi 20 Mai 1898

A HUIT HEURES PRÉCISES DU SOIR

Dans les Salles de Ventes aux Enchères

DE LA LIBRAIRIE ÉM. PAUL ET FILS ET GUILLEMIN

28, Rue des Bons-Enfants (Anciennes Maisons Silvestre et Labitte)

SALLE N° 1

Par le ministère de **M⁰ MAURICE DELESTRE**, Commissaire-Priseur,

5, RUE SAINT-GEORGES

Assisté de MM. **ÉM. PAUL et FILS et GUILLEMIN**

LIBRAIRES-EXPERTS

28, RUE DES BONS-ENFANTS

CONDITIONS DE LA VENTE

La vente se fait expressément au comptant.

Les acquéreurs payeront 5 pour cent en sus des adjudications.

Il y aura exposition le jour de la vente, de 2 à 4 heures.

Les livres devront être collationnés dans les vingt-quatre heures de l'adjudication. Passé ce délai ils ne seront repris pour aucune cause.

Les Libraires chargés de la vente rempliront les commissions des personnes qui ne pourraient y assister.

CATALOGUE

DE LA

BIBLIOTHÈQUE

DE

FEU M. G. RENOUARD

DEUXIÈME PARTIE

1. Les Quatre livres de l'Imitation de Jésus-Christ, traduction de Michel de Marillac, publiée par les soins de D. Jouaust. Préface par M. E. Caro ; dessins hors texte par Henry Lévy, gravés à l'eau-forte par Waltner ; ornements par H. Giacomelli. *Paris, Librairie des Bibliophiles*, 1873, in-8, pl. gr. à l'eau-forte, br.

    Un des 25 exemplaires numérotés sur PAPIER WHATMAN avec les eaux-fortes AVANT LA LETTRE.

2. Pensées de B. Pascal (Édition de 1670), précédées d'un avant-propos et suivies de notes et de variantes. *Paris, Librairie des Bibliophiles*, 1874, gr. in-8, portr. gr. à l'eau-forte par Gaucherel, demi-rel. chag. bleu, dos orné, non rog.

    De la *Collection des Classiques français*.
    Un des 100 exemplaires numérotés sur PAPIER WHATMAN (n° 71).

---

3. Les Essais de Montaigne réimprimés sur l'édition originale de 1588 avec notes, glossaire et index, par M. M. H. Motheau et D. Jouaust et précédés d'une note, par M. S. de Sacy. *Paris, Librairie des Bibliophiles*, 1873-1875, 4 vol. in-8, pap. vergé, portr. gr. à l'eau-forte par Gaucherel, demi-rel. chag. grenat, dos orné, non. rog.

    De la *Collection des Classiques français*.

4. Les Caractères de La Bruyère publiés par D. Jouaust, avec une préface par Louis Lacour. *Paris, Librairie des Bibliophiles*, 1881,

1

2 vol. in-8, portr. à l'eau-forte par Lalauze, demi-rel. chag. vert,
dos orné, non rog.

De la *Nouvelle Bibliothèque classique*.
Exemplaire numéroté sur GRAND PAPIER DE HOLLANDE.

---

5. Dictionnaire des Sciences naturelles dans lequel on traite métho-
diquement des différents êtres de la nature... suivi d'une biographie des plus célèbres naturalistes... par plusieurs professeurs du
jardin du Roi et des principales écoles de Paris (rédigé par
M. Fréd. Cuvier). *Strasbourg et Paris, Levault,* 1816-1830, 60 vol.
in-8 de texte et 11 vol. gr. in-8 de pl. gr. demi-rel. v. f. dos orné.

Bel exemplaire avec les planches COLORIÉES. — Sans le volume de tables.

6. Principes de géologie, ou Illustrations de cette science empruntées
aux changements modernes de la terre et de ses habitants, par
Sir Charles Lyell. Ouvrage traduit sur la dernière édition anglaise,
entièrement refondue avec cartes, gravures en taille-douce et
figures sur bois, par M. J. Ginestou. *Paris, Garnier,* 1873, 2 vol.
in-8, front. fig. et cartes, br.

7. Histoire des plantes, par H. Baillon, *Paris, Hachette,* 1867-1877,
6 vol. gr. in-8, nombr. fig. dans le texte par Faguet, br.

Tomes I à VI.

8. Nouveau Dictionnaire de botanique comprenant la description
des familles naturelles, les propriétés médicales et les usages éco-
nomiques des plantes, la morphologie et la biologie des végétaux,
par E. Germain de Saint-Pierre, avec 1 600 figures intercalées
dans le texte. *Paris, Baillière,* 1870, fort. vol. gr. in-8, demi-
rel. mar. r. avec coins, tête dor. ébarbé. (*R. Petit.*)

9. Dictionnaire de botanique par M. H. Baillon, avec la collaboration de MM. J. de Seynes, J. de Lanessan, E. Mussat, W. Nylan-
der, E. Fournier, etc. Dessins de A. Faguet. *Paris, Hachette,* 1876,
18 fascicules in-4 à 2 col. fig. et pl. en couleur, br.

Les 18 premiers fascicules (*A à Fran*).

10. Traité général de botanique descriptive et analytique. Première
partie : Abrégé d'organographie, d'anatomie et de physiologie.
Deuxième partie : Iconographie, description et histoire des
familles, par MM. Em. Le Maout, J^h Decaisne. Ouvrage contenant
5,500 figures dessinées par MM. L. Steinheil et A. Riocreux. *Paris,
Firmin Didot,* 1868, in-4, fig. demi-rel. mar. vert avec coins,
tête dor. ébarbé. (*R. Petit.*)

11. Ouvrages divers sur la Botanique. (*Cet article pourra être divisé.*)

1. Manuel général des plantes, arbres et arbustes, par Jacques et Herincq.
Paris, Librairie Agricole, s. d. 4 vol. in-12 à 2 col. demi-rel. chag. vert.

2. La Plante et sa vie. Leçons populaires de botanique à l'usage des gens du
monde, par M. le Dr J. Schleiden, traduit de l'allemand d'après la 5e édition.

par M. Scheidweiler et M. le Dr P. Royer. *Paris, Schulz*, 1859, in-8, nombr.
pl. noires et en couleur, demi-rel. chag. vert, dos orné.

3. Botanique cryptogamique, ou Histoire des familles naturelles des plantes
inférieures, par J. Payer. Avec 1105 gravures sur bois. *Paris, Masson*, 1850, gr.
in-8, fig. sur bois, demi-rel. chag. noir.

4. Flore du Centre de la France et du bassin de la Loire, ou Description des
plantes, qui croissent spontanément ou qui sont cultivées en grand dans les
Départements arrosés par la Loire et ses affluents, avec l'analyse des genres
et des espèces. Troisième édition, par A. Boreau. *Paris, Roret*, 1858, 2 tomes
en 1 vol. in-8, demi-rel. v. f. ébarbé.

Sans titre au tome II.

5. Flore des environs de Paris, ou Description des plantes qui croissent.
spontanément dans cette région et de celles qui y sont généralement cultivées
accompagnée de tableaux synoptiques, conduisant à la détermination des familles, des genres et des espèces, par E. Cosson et Germain de Saint-Pierre.
Deuxième édition. *Paris, Masson*, 1861, in-8, demi-rel. v. f. dos orné, ébarbé.

La carte manque.

6. Ch. Penot. Planches de botaniques, dessinées par Ch. Penot et tirées en
couleur. *Imp. Marseillaise, Marseille*. — 35 planches in-fol. en feuilles.

Odontoglossum triumphans, 7 *exemplaires*. — Cypripedium purpuratum, Cypripedium insignes, 13 *exemplaires*. — Cypripedium Fairrieanum, 4 *exemplaires*. —
Phalaenopsis, variété hybride du Ph. Schilleriana et Ph. Amabilis, 11 *exemplaires*.

7. Répertoire des plantes utiles et des plantes vénéneuses du Globe, contenant la synonymie latine et française des plantes, leurs noms vulgaires
français et l'indication de leurs usages en médecine humaine... par E. A. Duchesne. *Paris, Renouard*, 1836, 1 vol. in-8 à 2 col. de texte, cart. non rog. et
atlas gr. in-8 de pl. lithog. cart. dos de perc. verte.

8. Ch. Darwin : De la Variation des animaux et des plantes sous l'action de
la domestication, traduit par Moulinié, 1 vol. (*Tome I.*). — Des différentes
formes des fleurs, traduit par le D^r Ed. Heckel, 1 vol. — *Paris, Reinwald*, 1868-78
2 vol. in-8, cart. perc. verte, non rog.

12. Traités de Botanique. — Réunion de 28 vol. in-8 et in-12, la plupart en demi-rel.

Flore des environs de Paris, par Cosson et Germain, 1845. — Le même ou-
vrage, 2e édition, 1862. — Guide du Botaniste, par Germain de Saint-Pierre.
1852. 2 vol. — Nouvelle flore française, par Gillet et Magne, 1863. — Les Fruits
à cultiver, par F. Janin, 1885 (2 *exemplaires*). — Les Fleurs de pleine terre, par
Vilmorin-Andrieux, 3e édition, 1870. — L'Orchidophile, par le comte Fr. du
Buysson, 1878. — Traité du chauffage des serres, par Rafarin. — Ch. Cocks.
Bordeaux et ses vins, 6e édition, par Feret, 1893. — Les Plantes de serre, par
E. de Puydt, 1866, 2 vol. — La Belgique horticole, par E. Morren, 1877. — Etc.

13. Flore des serres et des jardins de l'Europe, ou Description et
figures des plantes les plus rares et les plus méritantes, nouvel-
lement introduites sur le Continent ou en Angleterre... Ouvrage
orné de vignettes... rédigé par MM. Blume, Brongniart, Decaisne,
de Candole, L. Van Houtte, de Jussieu... *Gand, van Houtte*, 1850-
1868, 5 vol. gr. in-8 à 2 col. fig. et nombr. pl. noires et en couleur, demi-rel. v. f.

Tomes VI, IX et XV à XVII. — On y a ajouté les 7e 8e et 9e livraisons (3e fascicule) du tome XXIIIe. *Gand*, 1882. in-8, pl. br.

14. Types de chaque famille et des principaux genres des plantes,
croissant spontanément en France; exposition détaillée et complète de leurs caractères et de l'embryologie, par P. Plée. *Paris,
chez l'auteur*, 1844-1864, 2 vol. in-4, nombr. pl. coloriées montées
sur onglets, demi-rel. chag. r. plats perc. dos orné, tr. dor.

Bel exemplaire.

15. Icones floræ Germaniæ et Helvetiæ... auctor Lud. Reichen-
bach. *Leipsiæ*, 1850-51, 2 vol. in-4, nombreuses planches *coloriées*,
demi-rel. chag. vert, tête dor. ébarbé.

> Tome I, Graminæ, Cruciferæ, Resedeæ. — Tomes XIII, XIV, Orchideæ.

16. Theod. Frid Lud. Nees ab Esenbeck. Genera plantarum florae
Germanicae iconibus et descriptionibus illustrata. *Bonnae, Cohen,*
1843-1860, 3 vol. in-8, nombr. pl. demi-rel. v. brun et 10 fascicules
en feuilles.

> Les 3 volumes reliés contiennent : Plantarum dicotyledonearum subclassis
> secunda : Gamopetalae. 2 vol.; Plantarum monocotyledonearum volumen II.
> Cyperaceae, helobiae, coronariae.
> Les dix fascicules sont numérotés : 2, 5, 6, 20, 21, 22, 23, 24, 30, 31.

17. Les Plantes à feuillage colorié. Recueil des espèces les plus re-
marquables servant à la décoration des jardins des serres et des
appartements, par MM. E. J. Lowe et W. Howard, traduit de
l'anglais par M. Rothschild, avec le concours de plusieurs horti-
culteurs. Ouvrage illustré de 46 figures sur bois et 60 planches
coloriées. *Paris, Rothschild*, 1865, gr. in-8, demi-rel. chag. vert
avec coins, dos orné, fil. tête dor. ébarbé.

> Bel exemplaire, monté sur onglets.

18. E. de Puydt. Les Orchidées, Histoire iconographique, organo-
graphique, classification, géographie, collections, commerce, emploi, culture avec une revue descriptive des espèces cultivées en
Europe. Ouvrage orné de 244 vignettes et de 50 chromolithographies. *Paris, Rothschild*, 1880, gr. in-8, fig. et pl. en chromolith.
demi-rel. chag. vert avec coins.

19. E. de Puydt. Les Orchidées. Histoire iconographique, organo-
graphique, classification, géographie, collections, commerce,
emploi, culture avec une revue descriptive des espèces cultivées
en Europe. Ouvrage orné de 244 vignettes et 50 chromolithographies. *Paris, Rothschild*, 1880, gr. in-8, demi-rel. mar. r. avec
coins, ébarbé. (*Fock.*)

20. BULLIARD : HISTOIRE DES CHAMPIGNONS de la France, ou Traité
élémentaire, renfermant dans un ordre méthodique les descriptions et les figures des champignons qui croissent naturellement
en France. *Paris, l'auteur*, 1791, 1 vol. de texte avec 8 pl. et 4 atlas pet. in-fol. front. et 602 pl. gr. et coloriées. — Histoire des
plantes vénéneuses et suspectes de la France. *Paris, l'auteur*,
1784. — Dictionnaire élémentaire de botanique, ou exposition
par ordre alphabétique des préceptes de botanique, et de tous
les termes, tant français que latins, consacrés à l'étude de cette
science. *Paris, Dugour, an VI* (1795), 10 pl. gr. et coloriées. —
Ens. 7 vol. pet. in-fol. pl. demi-rel. bas. r.

21. Species Filicum; being descriptions of the known ferns, parti-
cularly of such as exist in the author's herbarium, or are with

sufficient accuracy described in works to which he has had access; accompanied with numerous figures, by sir William Jackson Hooker. *London*, 1846-1864, 5 vol. in-8, nombr. pl. lithog. dont 3 vol. en demi-rel. chag. bleu, plats perc. dos orné et 2 vol. cart. dos de perc. bleue.

22. Oswald de Kerchove de Denterghem. Les Palmiers, histoire iconographique, géographie, paléontologie, botanique, description, culture, emploi, etc., avec index général des noms et synonymes des espèces connues. Ouvrage orné de 228 vignettes et de 40 chromolithographies, dessinées d'après nature par P. de Pannemaker. *Paris, Rothschild*, 1878, gr. in-8, fig. et 40 pl. en couleur, demi-rel. mar. r. avec coins, ébarbé. (*Fock.*)

23. Traité général des Conifères, ou Description de toutes les espèces et variétés de ce genre aujourd'hui connues, avec leur synonymie, l'indication des procédés de culture et de multiplication qu'il convient de leur appliquer, par E. A. Carrière. Nouvelle édition. *Paris, chez l'auteur*, 1867, 2 vol. in-8, demi-rel. v. vert, dos orné, non rog.

24. Flore médicale décrite par MM. Chaumeton, Poiret, Chamberet, peinte par Mme E. P... et par M. J. Turpin, 6 vol. — Iconographie végétale, ou organisation des végétaux, illustrée au moyen de figures analytiques, par P. J. F. Turpin avec un texte explicatif et raisonné et une notice biographique sur M. Turpin, par M. A. Richard, 1 vol. — *Paris, Panckoucke*, 1883-1841. — Ens. 7 vol. gr. in-8, nombr. pl. gr. demi-rel. v. vert, dos orné, ébarbé.

Exemplaire avec les PLANCHES COLORIÉES.

25. Manuel complet du jardinier maraicher, pépiniériste, botaniste, fleuriste. paysagiste, par M. Louis Noisette. *Paris, Rousselon*, 1825-1826, 4 vol. in-8, portr. et pl. demi-rel. v. f. dos orné, non rog.

26. Les Mammifères, par Carl Voght. Edition française originale. Ouvrage illustré de 40 planches hors texte et de 365 figures dessinées par Frédéric Specht et gravées sur bois sous sa direction. *Paris, Masson*, 1884, in-4 à 2 col, pl. et fig. demi-rel. mar. grenat avec coins, dos orné, fil. tête dor. ébarbé. (*R. Petit.*)

Bel exemplaire.

27. La Vie des animaux illustrée, description populaire du règne animal par A. E. Brehm. Édition française, revue par Z. Gerbe. *Paris, Baillière, s. d.* 4 vol. in-4 à 2 col. nombr. pl. et fig. sur bois, demi-rel. mar. olive avec coins, tête dor. non rog. (*Fock.*)

Les Mammifères, 2 vol. — Les Oiseaux, 2 vol.

28. L'Esprit des bêtes. Le Monde des oiseaux, ornithologie passionnelle, par A. Toussenel. Quatrième édition. *Paris, Dentu*, 1866-

1873, 3 vol. in-8, portr. et fig. demi-rel. v. bleu, dos orné, non rog.

29. Le Jardin des Plantes, description et mœurs des mammifères de la Ménagerie et du Musée d'histoire naturelle, par M. Boitard, précédé d'une introduction historique, descriptive et pittoresque par J. Janin, *Paris, Dubochet,* 1842, gr, in-8, nombr. pl. et fig. sur bois et sur acier et plan, demi-rel. chag. vert, dos orné, couverture illustrée.

PREMIÈRE ÉDITION. — Déchirure au plan.

30. HISTOIRE NATURELLE DES OISEAUX (par Buffon, Gueneau de Montbeillard et l'abbé Bexon). *Paris, Imprimerie royale,* 1771-1786, 10 vol. in-4, tirés in-fol. nombreuses planches dessinées et gravées par Martinet, demi-rel. mar. r.

Superbe publication estimée et recherchée.
Exemplaire TIRÉ IN-FOLIO avec les PLANCHES COLORIÉES.

31. Richesses ornithologiques du Midi de la France, ou Description méthodique de tous les oiseaux observés en Provence et dans les départements circonvoisins, par MM. J. B. Jaubert et Barthélemy-Lapommeraye. *Marseille, Barlatier-Feissat,* 1859, in-4, 21 pl. lithog. en couleur, demi-rel. chag. r. plats perc. dos orné.

32. Histoire naturelle des Lépidoptères d'Europe, par H. Lucas. Ouvrage orné de près de 400 figures peintes d'après nature, par A Noel et gravées sur acier par Pauquet. *Paris, de Bure,* 1845, in-8, 80 pl. coloriées, demi-rel. v. brun.

33. Suites à Buffon. Histoire naturelle des Insectes. *Paris, Roret,* 1858, 5 suites in-8, planches coloriées, dont 3 reliées en 1 vol. in-8, demi-rel. v. f. les autres en feuilles.

Hyménoptères, par M. le Comte A. Lepeletier de Saint-Fargeau. — Diptères. Aptères, par M. le Baron Walckenaer et Paul Gervais. — Coléoptères, par M. Léon Cordères. — Lépidoptères par Boisduval et Guenée.

34. Métamorphoses, mœurs et instincts des Insectes (insectes, myriapodes, arachnides, crustacés), par Émile Blanchard. *Paris, Germer Baillière,* 1868, fort vol. gr. in-8, 200 fig. et 40 pl. sur bois, demi-rel. mar. orange avec coins, dos orné, fil. tête dor. non rog. (*R. Petit.*)

35. Traité élémentaire de Conchyliologie avec les applications de cette science à la géologie, par G.-P. Deshayes. *Paris, Masson,* 1834-1857, in-4, planches gravées et coloriées, montées sur onglets, demi-rel. chag. violet, tête dor. ébarbé.

Atlas seul.

---

36. Dictionnaire de médecine, de chirurgie, de pharmacie, des sciences accessoires et de l'art vétérinaire d'après le plan suivi par Nysten. Douzième édition entièrement refondue par L. Littré et Ch. Robin... illustré de 531 figures intercalées dans le texte.

Paris, Baillière, 1865, fort vol. gr. in-8 à 2 col. fig. demi-rel. chag.
vert, plats perc.

37. DICTIONNAIRE DE THÉRAPEUTIQUE, de matière médicale, de phar-
macologie, de toxicologie et des eaux minérales, par Dujardin-
Beaumetz avec la collaboration de MM. Debierre, Egasse, Hétet,
Jaillet, Macquarie. Dr G. Bardet, secrétaire de la rédaction. *Paris,
Doin,* 1883-1889, 4 vol. in-4 à 2 col. nombr. fig. dans le texte,
demi-rel. chag. noir avec coins.

    Bel exemplaire.

38. Histoire naturelle des drogues simples, ou Cours d'Histoire naturelle professé à l'École de pharmacie de Paris, par N. J. B. G. Gui-
bourt. Sixième édition corrigée et augmentée, par G. Planchon,
avec plus de 900 figures intercalées dans le texte. *Paris, Baillière,*
1869-1870, 4 vol. in-8, fig. demi-rel. chag. vert, dos orné tête
dor. ébarbé.

39. Traité pratique de la déterminaison des drogues simples d'origine végétale, par G. Planchon. *Paris, Savy,* 1875, 2 vol. in-8,
nombr. fig. dans le texte, demi-rel. chag. vert, plats perc. dos
orné.

40. L'Instrument de Molière, traduction du traité *De Clysteribus* de
Regnier de Graaf (1668). *Paris, Morgand et Fatout,* 1878, pet. in-
8, portr. et vign. br.

---

41. Camille Flammarion. Les Terres du ciel, voyage astronomique
sur les autres mondes. *Paris, Marpon et Flammarion,* 1884, gr. in-8,
front. et nombr. pl. et vignettes, demi-rel. chag. r. tr. dor.

42. El Perfeto artillero theorica y pratica, por Julio Cesar Firru-
fino. (A la fin :) *Madrid, Martin de Barrio,* 1648, in-fol. front. portrait et fig. sur cuivre par Juan de Noort et fig. sur bois, demi-
rel. chag. violet, plats toile, tr. peigne.

    Livre estimé et peu commun.
    Quelques raccommodages.

---

43. Équitation et gymnastique, 25 dessins humoristiques au crayon
et à la plume, par Henri Lang. *Paris, Goupil, s. d.,* in-4, titre,
table et 25 pl. en feuilles dans un carton perc. verte, fers spéciaux.

44. Reglas de la Cavalleria de la Brida, y para conoscer la com-
plession y naturaleza de los Cauallos, y doctrinarlos para la
Guerra, y seruicio de los Hombres: Con diuersas suertes de Fre-
nos. Cöpuestas por el S. Federico Grison, Gentilhombre Napoli-
tano. Y aora traduzidas por el S. Antonio Florez de Benavides.

,(A la fin :) *Baeça, Montoya*, 1568, in-4, fig. gravées sur bois, v. r.
dos orné, fil. tr. dor.

Traduction de toute rareté de ce célèbre traité d'équitation.
Exemplaire [incomplet d'un des ff. préliminaires ; petits raccommodages à quelques ff.

45. La Petite Vénerie, ou la Chasse au chien courant, par Ad.
d'Houdetot. *Paris*, 1855, fig. — Le Chasseur rustique, par Ad.
d'Houdetot. *Paris,* 1861, fig. — Marquis G. de Cherville. Cartes
de Chassse et de pêche. *Paris,* 1878. — Ens. 3 vol. in-12, demi-rel.
v. f. ébarbés.

---

46. Musée de peinture et de sculpture, ou Recueil des principaux
tableaux, statues et bas-reliefs des collections publiques et particulières de l'Europe, dessiné et gravé à l'eau-forte par Réveil,
avec des Notices descriptives, critiques et historiques, par Duchesne aîné. *Paris, Audot*, 1828-1834, 16 vol. in-12, nombreuses
fig. au trait, demi-rel. chag. vert.

Exemplaire complet. Les titres des tomes IX à XIV et l'indication des tomes y est faite au moyen de chiffres rapportés.

47. La Vie des peintres flamands et hollandais, avec des portraits
gravés en taille-douce, une indication de leurs principaux ouvrages, par M. J. B. Descamps. *Paris, Jombert*, 1753-64, 4 vol. —
- Voyage pittoresque de la Flandre et du Brabant. *Paris, Desaint.*
1769. — Ens. 5 vol. in-8, portr. demi-rel. v. vert, tr. marb.

Premier tirage.

48. Les Maîtres d'autrefois, Belgique, Hollande, par Eugène Fro-
mentin. *Paris, Plon*, 1876, in-8, demi-rel. mar. vert avec coins,
tête dor. ébarbé. (*Chatelin.*)

Édition épuisée.

49. Baron Davillier. Fortuny, sa vie, son œuvre, sa correspondance
avec cinq dessins inédits en fac-similé et deux eaux-fortes origi-
nales. *Paris, Aubry*, 1875, in-8, pap. vergé, portr. et pl. demi-rel.
v. r. non rog.

Tiré à petit nombre.

50. Les Drevet (Pierre, Pierre-Imbert et Claude). Catalogue raisonné de leur œuvre précédé d'une Introduction, par Ambroise
Firmin-Didot. *Paris, Firmin-Didot*, 1876, gr. in-8, portr. demi-
rel. mar. brun avec coins, tête dor. ébarbé. (*Chatelin.*)

Exemplaire sur papier Whatman avec le portrait de P. Drevet, d'après Ri-gaud, gravé à l'eau-forte par Le Rat, en trois états : sur Whatman avec et *avant la lettre* et sur Chine volant avant toute lettre.

51. Catalogue de l'œuvre gravé et lithographié de R. P. Bonington,
par Aglaüs Bouvenne. *Paris*, 1873, in-8, portr. gravé à l'eau-
forte et fac-similé, cart. bradel, non rog.

Tiré à 170 exemplaires numérotés.
Exemplaire avec quelques notes manuscrites de M. Thibaudeau, auquel on a joint le portrait de Bonington, gravé à l'eau-forte par Villot.

52. L'Art du rire et de la Caricature, par Arsène Alexandre. 300 fac-similés en noir et 12 pl. en couleurs d'après les originaux. *Paris, Quantin, s. d.* in-4, fig. et pl. noires et en couleur, cart. perc. grise, fers spéciaux, tête dor. ébarbé.

53. Mélanges sur les Beaux-Arts. — Réunion de 18 vol. in-12 et in-8, dont 7 reliés, les autres br.

> John Coindel. Histoire de la peinture en Italie; De La Sizeranne, La Peinture anglaise contemporaine; H. Viardot, Musées d'Italie; W. Bayer, Musées de Hollande; Spire Blondel, Histoire des éventails; Paul Eudel, le Truquage; Traité complet de la peinture par P. de Montabert (*Atlas seul*); etc., etc.

54. Catalogue raisonné des tableaux, dessins et estampes et autres effets curieux après le décès de M. de Julienne, par Pierre Remy. *Paris, Vente,* 1767, 2 parties en 1 vol. in-12, front. gr. v. ant. marb.

55. Catalogue raisonné des différens objets de curiosités dans les Sciences et les Arts, qui composaient le cabinet de feu Mr Mariette ... Par F. Basan. *Paris, Desprez,* 1775, in-8, front. et pl. v. ant. marb. fatig. tr. dor.

> Exemplaire sur PAPIER DE HOLLANDE avec les prix, les noms des acquéreurs et des notes manuscrites, auquel on a joint : un reçu autographe signé de BASAN, l'ordre des vacations de la vente collé sur un f. de garde et une double épreuve du frontispice.

56. Le Cabinet du Duc d'Aumont et les Amateurs de son temps. Catalogue de sa vente avec les prix, les noms des acquéreurs; accompagné de notes et d'une notice sur Pierre Gouthière, sculpteur, ciseleur et doreur du Roi et sur les principaux ciseleurs du temps de Louis XVI. Documents inédits, par le baron Ch. Davillier. *Paris, Aubry,* 1870, in-8, 32 pl. d'après Gouthière, cart. tête dor. non rog.

> Tiré à petit nombre.

57. Catalogue de la Collection d'Estampes Anciennes choisies dans les Écoles Italienne, Espagnole, Allemande, Flamande, Hollandaise et Française, provenant du cabinet de M. H. de L. (His de la Salle). *Paris, Impr. Maulde,* 1856, gr. in-8, demi-rel. chag. brun, ébarbé.

> Exemplaire sur GRAND PAPIER avec les prix et les noms des acquéreurs manuscrits. Il porte sur le faux-titre un envoi autographe signé de M. His de La Salle à M. MAHÉRAULT.

58. Catalogue de la nombreuse collection d'estampes et de dessins anciens de toutes les écoles dont la vente aura lieu par suite du décès de M. Guichardot. *Paris, Clément,* 1875, in-8, demi-rel. vél. blanc avec coins, tête dor. ébarbé.

> Exemplaire de M. A. W. THIBAUDEAU avec les prix d'adjudication des corrections, annotations et noms des acquéreurs, manuscrits, auquel on a ajouté une eau-forte de Guichardot, épreuve AVANT TOUTE LETTRE.

59. Catalogue d'Estampes Anciennes et Dessins composant la ma-
gnifique Collection de feu M. Émile Galichon. *Paris*, 1875, gr.
in-8, demi-rel. vélin blanc avec coins, tête dor. ébarbé.

> Exemplaire de M. A. W. Thibaudeau, avec les prix et les noms des acqué-
> reurs, des provenances, des corrections et de nombreuses et curieuses annota-
> tions, le tout de sa main.

60. Catalogue des tableaux anciens de toutes les écoles composant
la collection de M. le Bon de Beurnonville. *Paris*, 1881, in-4,
pl. demi-rel. chag. vert avec coins, tête dor. ébarbé.

61. Catalogue de tableaux modernes de premier ordre composant
l'importante collection de M. Defoer. *Paris*, 1886, in-fol. fig. br.

> 51 planches, dont 40 à l'aquatinte.

62. Catalogue de tableaux modernes de premier ordre, aquarelles, tableaux anciens provenant de galeries célèbres, composant l'importante collection de M. A. Dreyfus. *Paris*, 1889, in-
fol. fig. br.

> 45 planches gravées à l'eau-forte.

63. Catalogue de tableaux anciens et modernes, aquarelles et dessins et objets d'art, formant la célèbre collection de M. E. Se-
crétan. *Paris*, 1889, 2 vol. in-fol. nombreuses pl. br.

> Tache sur la couverture du tome II.

64. Collection H. V. Catalogue de Tableaux modernes de premier
ordre, pastels, aquarelles, dessins, œuvres importantes de : Bes-
nard, Bonvin, Carrière, Cazin, Corot, Daubigny, Daumier, etc.
Sculptures par Barye, Carriès, Dalou, Gémito, Rodin. *Paris*, 1897,
gr. in-4, pap. vélin, 43 pl. à l'aquatinte, br.

> Exemplaire imprimé pour M. Georges Renouard.

65. Collection des Goncourt : Dessins, aquarelles et pastels du
xviiie siècle, 40 pl. en héliogravure. — Arts de l'Extrême-Orient,
portr. et 8. pl. en héliogravure. *Paris*, 1897. — Ens. 2 vol. in-4,
portr. et pl. br.

> Exemplaires sur grand papier.

66. Ivories and objets d'art. — James F. Hutton. — Album in-4
contenant 1 portrait et 35 photographies remontées, et une table
sur feuille volante, demi-rel. chag. vert avec coins, tr. dor.

67. Catalogues de Tableaux, objets d'art, tapisseries, ameuble-
ments, faïences, diamants, perles, etc. — Réunion de 17 vol. in-
fol. in-4 et gr. in-8, pl. br.

> Collection Heilbuth, 1890 ; 16 pl. — Collection de Mme d'Yvon, 1892 ; 28 pl. en
> phototypie. — Collection de M. X***, 1895 ; 12 pl. — Tapisseries de la Renais-
> sance et des Gobelins, 1887 ; 9 pl. — Catalogue des Joyaux de la Couronne,
> 1887 ; 9 pl. en phototypie. — Collection San Donato ; 1870 ; 42 pl. à l'eau-
> forte. — Collection Hoffmann, 1888 ; 24 pl. en phototypie noire et en couleur.
> — Collection Besborodko, 1869 ; 16 pl. à l'eau-forte. — Etc., etc.

68. Cris de Paris au XVIᵉ siècle. Dix-huit planches gravées et coloriées du temps reproduites en fac-simile par Adam Pilinski avec
une notice historique sommaire, par Jules Cousin. *Paris,
Vᵘᵉ Adolphe Labitte*, 1885, in-4, pl. en couleur, cart.

Tiré à 80 exemplaires sur papier imitant l'ancien (nᵒ 10).

69. Portraits de souverains, princes et personnages célèbres français et étrangers. — Réunion de 240 pièces exécutées par des
artistes allemands ¡au XVIIIᵉ siècle, remontées en 1 vol. gr. in-8,
demi-rel. vélin.

70. Monument du costume physique et moral de la fin du
XVIIIᵉ siècle, ou tableau de la vie ornés de 26 figures dessinées
et gravées par Moreau le jeune et par d'autres célèbres artistes.
Texte par Restif¡de la Bretonne, revu et corrigé par Ch. Brunet.
Préface par M. Anatole de Montaiglon, *Paris, Willem*, 1876, in-
fol. 26 pl. en feuilles.

Exemplaire numéroté sur PAPIER DE HOLLANDE avec les planches tirées sur
CHINE.

71. Caricatures et pièces diverses contre la Banque de Law. [(Het
Groote Tafereel der dwaasheid, vertoonende de opkomst, voort-
gang en ondergang der Actie... in Vrankryk, Engeland, en de
Nederlanden, in den MDCCXX...) *S. l. (Hollande)*, 1720, in-fol.
texte hollandais à 2 col. 74 pl. gr. sur cuivre, v. ant. marb.

Curieux et important recueil de caricatures contre Law et son système, com-
posé de planches fort intéressantes pour les costumes et les usages du temps.
On y remarque un jeu de cartes, la représentation des tours de forces de sal-
timbanques, l'aspect de la rue Quincampoix au moment du plus haut période de
l'agiotage, des grotesques dans le genre de Callot et de l'école flamande, le tout
de l'invention de Bernard Picart et autres.
Mouillure.

72. Tableaux de l'univers et des connaissances humaines représen-
tés par des gravures en couleur, avec une explication en cinq
langues... Ouvrage destiné à l'éducation de la jeunesse. *Paris,
Crapelet, An X*-1802, in-8 oblong, cart. ébarbé.

XVI et 16 pp. de texte, un frontispice et 6 planches en *couleur* gravés par Emira
Marceau-Sergent. — La 6ᵉ planche est détachée.

73. Étrennes royales de la cour pour l'an 1821, *Paris, Janet*, 1821,
in-16, mar. vert à grain long, dos orné, fil. tr. dor. — Almanach
dramatischer Spiele zur geselligen unterhaltung auf den Lande,
von A. von Kotzebue. Zweiter Jahrgang. *Berlin, bei F. T. de La
Garde*, 1802 (2ᵉ *année*), in-12, planches gravées et coloriées, cart. —
Ens. 2 vol.

74. Rod. Töpffer : Mʳ Crépin. Mʳ Pencil. Histoire d'Albert. Mʳ Vieux-
Bois. Le Docteur Festus. Mʳ Jabot. Histoire de Mʳ Crytogame. —
Paris, Garnier frères, 1860, 7 albums in-4 oblong, texte et planche
autographiés, cart. perc. r.

Plusieurs ff. détachés.

75. The Studies of sir Edwin Landseer, illustrated by sketches, from
the collection of Her Majesty the Queen and other sources. With
a history of his artlife, by Cosmo Monkhouse. *London, Virtue, s. d.*
in-fol. fig. et 40 pl. hors texte, cart. perc. r. fers spéciaux, tr. dor.

76. Vues de Rome, monuments, tableaux et objets d'art. — Album
grand in-4 oblong, contenant 60 photographies remontées, vélin,
fil. comp. et dent. sur chag. r. tr. dor.

77. Rome, monuments, tableaux, objets d'art. — Album grand in-
4 oblong, contenant 60 photographies remontées, vélin, fil. et
comp. dor. tr. r. plus 36 photographies relatives à Florence et
Bologne, en feuilles dans un carton.

78. Pompéi. — Album in-4 oblong contenant 24 photographies
remontées, cart. perc. r.

79. Vues et scènes diverses prises en Algérie. — Album in-4 oblong
contenant 26 photographies remontées, demi-rel. chag. brun avec
coins, tr. dor. plus 54 photographies en feuilles.

80. Livre d'Architecture de Jacques Androuet du Cerceau auquel
sont contenues diverses ordonnances de plants et élévations de
bastiments pour Seigneurs, Gentilshommes et autres qui voudront
bastir aux champs... *Paris, pour Jacques Androuet du Cerceau,*
1615, in-fol. de 26 ff. de texte et 52 pl. gr. demi-rel. chag. bleu.

81. Architecture de Philibert de l'Orme, œuvre entière contenant
onze livres... avec une belle invention pour bien bastir, et à petits
fraiz... *Paris, Chaudière,* 1626, in-fol. nombr. fig. et pl. gr. sur
bois, v. aut. marb.

> Bonne édition contenant la partie intitulée : *Nouvelles inventions pour bien bâtir
> à petits frais trouvées naguère par M. Philibert de L'Orme Lyonnois architecte* (X^e et
> XIe livres).
> Un f. de la table remmargé ; raccommodage au dernier f. du volume.

82. L'Art architectural en France depuis François Ier jusqu'à
Louis XVI. Motifs de décoration intérieure et extérieure, dessinés
d'après des modèles exécutés et inédits des principales époques de la
Renaissance comprenant : lambris, plafonds, voûtes, cheminées,
portes, fenêtres, etc. par Eugène Rouyer. Texte par Alfred Darcel. *Paris, Baudry,* 1867, 2 vol. in-4, 200 pl. gr. montées sur
onglets, demi-rel. mar. vert.

> Petite cassure raccommodée au faux-titre du tome II..

83. L'Architecture pittoresque au xixe siècle. Recueil de villas, pa-
villons, écuries, kiosques, volières, parcs et jardins, dessinés,
d'après les projets de MM. Cordier, Dardoize, Guidasci, Jackson,
de La Morandière, Suffit, Tronquois.., Texte par Léon de Vesly.
Paris, A. Lévy, 1877, in-fol. de 16 pp. de texte et 108 pl. en couleur, en feuilles, dans un carton.

84. Art industriel. Le Mobilier de la couronne et des grandes collections publiques et particulières du xiiie au xixe siècle. Meubles,

tentures, tapisseries, bronzes et objets d'art de toutes les époques
et de tous les styles, par Rodolphe Pfnor. *Paris, Ducher* (1876),
in-4 de 8 pp. de texte et pl. en feuilles, dans un carton.

> Tome III.

85. Philippe Burty. Les Émaux cloisonnés anciens et modernes.
Paris, Martz, joaillier, s. d. (1868), in-12, fig. cart. non rog. *couverture.*

> Plaquette rare et recherchée ornée de quatre chromolithographies par Régamey père et de croquis dans le texte dessinés d'après des albums japonais, par M. Félix Régamey.
>
> La plupart des exemplaires que l'on rencontre ne contiennent que deux chromolithographies.
>
> Envoi AUTOGRAPHE de l'auteur sur le faux-titre.

86. Mémoires, ou Essais sur la Musique par le C^{en} Grétry. *A Paris,
de l'Imprimerie de la République, an V* (1797), 3 vol. in-8, br. non
rog. — Méthode simple pour apprendre à préluder en peu de
temps avec toutes les ressources de l'harmonie, par A. E. M. Grétry. *Paris, de l'Imprimerie de la République, an X,* in-8, cart. non
rog. — Ens. 4 vol.

87. Estro poetico-armonico, parafrasi sopra li Salmi, poesia di Girolamo Ascanio Giustiniani. Musica di Benedetto Marcello. *Venezia, Valle,* 1803, 8 vol. in-fol. portrait, musique, cart. non rog.

> Édition rare de cette composition célèbre, chef-d'œuvre du compositeur vénitien Marcello, et considérée comme une des plus belles productions de la musique.

---

88. Dictionnaire de la langue française... par E. Littré (avec le supplément). *Paris, Hachette,* 1873-1877, 5 vol. in-4 à 3 col. demirel. chag. vert, plats perc. dos orné.

89. Fables de La Fontaine réimprimées sur l'édition de 1678-1694
et précédées de recherches sur les Fables de La Fontaine, par
M. Paul Lacroix. *Paris, Librairie des Bibliophiles,* 1875, 2 vol.
in-8, pap. vergé, portr. gr. à l'eau-forte par Flameng, demi-rel.
chag. bleu, dos orné, non rog. couvertures.

> De la *Collection des Classiques français.*

90. Fables choisies de La Fontaine, mises en vers patois limousin,
par J. Foucaud. Nouvelle édition avec le texte français en regard ;
augmentée de poésies et pièces inédites du même auteur, et ornées des portraits de La Fontaine et Foucaud. *Limoges, Bargeas,*
1835, in-8, portr. fig. de Moreau et vign. sur bois, demi-rel. v. f.
dos orné.

> Raccommodage à la page 11.

91. Blin de Sainmore : Lettre de Sapho à Phaon... *Paris, Jorry,*
1768, figure de Gravelot, vignette et cul-de-lampe. — Lettre en
vers de Gabrielle de Vergy, à la comtesse de Raoul, par Mailhol.

Paris, Duchesne, 1766, vignette et cul-de-lampe d'Eisen. — Ens.
2 vol. gr. in-8, br. non rog.

Exemplaires sur GRAND PAPIER DE HOLLANDE.

92. Recueil de pièces en vers par Dorat et le marquis de Pezay. —
Réunion de 8 pièces en 1 vol. in-8, fig. v. ant. marb. dos orné,
fil. armoiries sur les plats, tr. dor.

Ce recueil renferme :
1º Zélis au bain, poème en quatre chants (par de Pezay). *Genève, s. d.* (1763),
front. 4 fig. 4 vign. et 4 culs-de-lampe par Eisen. (PREMIER TIRAGE.)
2º Lettre de Zeila à Valcour (par Dorat). *Paris, Bauche*, 1766, 1 fig. 2 vign. et
2 culs-de-lampe par Eisen.
3º Réponse de Valcour à Zeïla (par Dorat). *Paris, Jorry*, 1766, 1 fig. 1 vign. et
1 cul-de-lampe, par Eisen.
4º Lettre de Valcour à son père (par Dorat). *Paris, Jorry*, 1767, 1 fig. 1 vign.
et 1 cul-de-lampe, par Eisen.
5º Lettre de Caïn à Méhala, son épouse (par Costard). *Paris, Jorry*, 1765,
1 fig. par Eisen.
6º Lettre d'Alcibiade à Glycère (par de Pezay). *Paris, Jorry*, 1764, 1 fig. 3 vign.
et 2 culs-de-lampe, par Eisen.
7º Lettres en vers, ou Épîtres héroïques et amoureuses (par Dorat). *Paris,
Jorry*, 1766, 1 front. 4 vign. et 4 culs-de-lampe, par Eisen.
8º Le Pot-Pourri (par de Pezay). *Paris, Jorry*, 1764, 2 fig. 2 vign. et 2 culs-
de-lampe, par Eisen.
Toutes ces pièces sont sur PAPIER DE HOLLANDE : sur un f. de garde se trouve
une note d'une écriture ancienne, disant que ce recueil a été formé par Mᶫˡᵉ Do-
LIGNY, de la Comédie-Française, qui en avait reçu les pièces des auteurs.

93. La Henriade (par Voltaire). Nouvelle édition. *Paris, Veuve Duchesne, Saillant* (1768), in-8, titre, frontispice, figures et vignettes
par Eisen, v. ant. éc. fil. tr. dor.

Tome I.

94. Comte de Chevigné. Les Contes Rémois. Édition miniature.
Épernay, Bonnedame, 1875, in-24, portr. br.

Belle édition imprimée en jolis caractères microscopiques.
Exemplaire sur GRAND PAPIER VERGÉ.

95. Le Parnassiculet contemporain. Recueil de vers nouveaux, précédé de l'hôtel du Dragon-Bleu et orné d'une étrange eau-forte.
Deuxième édition augmentée de neuf pièces inédites non moins
surprenantes que les premières attribuées aux mêmes auteurs et
découvertes après leur mort. *Paris, Lemer*, 1872, in-12, planche
gr. à l'eau-forte, cart. dos de perc. bleue, non rog. couverture.

Tiré à petit nombre.
Léger raccommodage au titre.

96. — Le même ouvrage. *Paris, Lemer*, 1872, in-12, pl. gr. à l'eau-
forte, br.

Un des 20 exemplaires sur PAPIER DE COULEUR (*vert*) avec l'eau-forte en triple
état : noir, rouge et bistre.

97. Joséphin Soulary : Les Rimes ironiques, poésies nouvelles avec
dessins d'Eugène Froment. — La Chasse aux mouches d'or. —
Lyon, Scheuring, 1876-1877. — Ens. 2 vol. pet. in-8, pap. vergé

teinté, demi-rel. mar. grenat avec coins, tête dor. non rog.
et br.

98. Victor Hugo. L'Art d'être Grand-Père. *Paris, Société anonyme des publications périodiques*, 1884, in-4, portr. pl. et vign. en noir et en couleur, cart. perc. r. fers spéciaux, tr. dor.

99. Arcadia ‖ del Sannazaro ‖ tutta fornita ‖ et tratta ‖ emendatissima ‖ dal suo ‖ originale. ‖ (A la fin :) *Impressa ‖ in Napoli per Maestro Sigismundo Mayr : con somma et assidua diligenza di Pedro Sum ‖ montio; nel anno MDIIII del me se di ‖ Marzo...* (1504), pet. in-4 de 98 ff. non ch. car. ronds, vélin à recouvr.

   PREMIÈRE ÉDITION COMPLÈTE et la meilleure de ce poème mélangé de prose, écrit avec une délicatesse merveilleuse, et qui eut au XVIe siècle environ soixante éditions.
   Exemplaire grand de marges.

100. Œuvres de P. Corneille, avec les notes de tous les commentateurs. *Paris, Firmin-Didot*, 1854, 12 vol. in-8, portr. demi-rel. chag. vert, ébarbé.

   De la collection des *Classiques françois, publiés par M. Lefèvre.*

101. Edmond Gondinet. Théâtre complet. Deuxième édition. *Paris, Calmann Lévy*, 1892-94, 4 vol. in-12, demi-rel. v. r. dos orné, non rog.

102. Pièces de Théâtre par MM. Duru, Labiche, Talabot, Vacquerie, Sardou, Najac, Edmond Rostand, Henri de Bornier, Henri-A. Cartier, A. Dumas fils, etc. — Réunion de 20 pièces ou vol. in-12 et in-8, dont 4 reliés, les autres br.

103. Les Théâtres de Paris, notices et portraits. Texte par une société de gens de lettres. *Paris, Baillieu, s. d.* (1854), gr. in-8, 62 portr. lithogr. par Colette d'après Lorsay, br.

   Portraits de Delaunay, Arnal, Duprez, Lacressonnière, L'Héritier, Taillade, Mme Rachel, Lemercier, Montaland, Augustine Brohan, Fargueil, Favart, etc., etc.

104. Album dramatique par Camille Rogier, A. Leleux, etc. *Paris Aubert*, 1836, in-4, eaux-fortes, br. couverture.

   Album contenant 4 portraits (Mme Dorval, Mlle Plessy, Mlle Fanny Essler, Eugénie Sauvage) et 6 eaux-fortes représentant des scènes de Faust, les Brigands, C'était moi, Werner, les Cinq Auteurs, opéra du Gueux.

105. Galerie des artistes dramatiques de Paris. Quarante portraits en pied dessinés d'après nature par Al. Lacauchie et accompagnés d'autant de portraits littéraires. *Paris, Marchant*, 1841, in-4, portr. lithogr. cart.

   Incomplet du portrait de Bocage. On y a ajouté les portraits de Volnys et de Mme Guillemin. — Légère mouillure.

106. The Rivals, by Richard Brinsley Sheridan; illustrated by Franck Gregory. *London, Sampson Low, s. d.* in-4, pl. et fig. cart. perc. verte, fers spéciaux or, noir et r. tête dor. non rog.

   Très jolie édition de la première et célèbre comédie de Sheridan, *Les Rivaux*. Elle est ornée de 5 planches, de fac-similés d'aquarelles et de nombreuses planches et vignettes en noir.

107. Les OEuvres de maistre François Rabelais, accompagnées d'une notice sur sa vie et ses ouvrages, d'une étude bibliographique, de variantes, d'un commentaire, d'une table des noms propres et d'un glossaire par Ch. Marty-Laveaux. *Paris, Lemerre,* 1868-1873, 3 vol. in-8, pap. vergé, demi-rel. chag. r. dos orné, non rog.

Tomes I, II, III.

108. Les Nouvelles de Marguerite, reine de Navarre. *Berne, chez la nouvelle société typographique,* 1781, 2 vol. in-8, front. fig. et vignettes par Freudenberg et Duncker, *brochés, non rognés.*

Tomes II et III. — Taches et mouillure.

109. Le Cabinet des Fées, ou Collection choisie des contes des fées et autres contes merveilleux (par Charles-Joseph Mayer). *Amsterdam et Paris,* 1785-1789, 41 vol. in-8, nombr. fig. par Marillier, gr. par Berthet, Choffard, Dambrun... v. ant. rac. dos orné, fil.

Premier tirage.

110. Voyages imaginaires, songes, visions et romans cabalistiques (recueillis par Garnier). *Amsterdam et Paris,* 1787-1789, 39 vol. in-8, nombr. fig. par Marillier, gr. par Berthet, Borgnet, Croutelle, Delignon... v. ant. rac. dos orné, fil.

Premier tirage.

111. La Nouvelle Héloïse, ou Lettres de deux amants, recueillies et publiées par J.-J. Rousseau. *Londres (Paris, Cazin),* 1771, 6 vol. (sur 7) in-18, fig. par Moreau, v. f. ant. dos orné, fil. tr. dor.

Incomplet du tome V.

112. Histoire de Gil Blas de Santillane, par Le Sage. Vignettes par Jean Gigoux. *Paris, Paulin,* 1835, gr. in-8. front. portr. sur Chine volant et nombr. fig. sur bois, demi-rel. v. vert.

Premier tirage.

113. La Vie de mon Père, par l'auteur du Paysan Perverti. *Neufchâtel et Paris, Esprit,* 1779, 2 parties en 1 vol. in-12, 2 portraits sur les titres, 12 frontispices et 12 fig. demi-rel. mar. La Vall. avec coins, tr. peigne. (*Petit, succr de Simier.*)

Édition originale.

114. Les Contes drolatiques colligez ez Abbayes de Touraine et mis en lumière par le sieur de Balzac pour l'esbattement des pantagruélistes et non aultres. Sixième édition, illustrée de 425 dessins par Gustave Doré. *Paris, Garnier, s. d.* in-12, front. et nombr. fig. sur bois, demi-rel. v. f. dos orné, ébarbé.

115. Pas de lendemain (par Ph. Burty). *Paris, chez l'auteur,* 1869, pet. in-8 carré de 34 p. texte encadré d'un fil. r. front. gr. à l'eau-forte, br.

Tiré à très petit nombre pour les amis de l'auteur.

116. Romans et ouvrages divers par MM. Paul Arène, Banville, Barrès, Bergerat, Paul Bourget, Ch. de Bernard, Jules Claretie, E. Drumont, G. Duruy, E. Feydeau, Anatole France, Gyp, De Nouval, La Sinse, Marcel Prévost, Jean Richepin, Paul de Saint-Victor, Victor Tissot, comte de Villiers de l'Isle Adam, Ed. et J. de Concourt, G. Ohnet, A. Dumas, etc. — Réunion de 40 vol. in-12, brochés, sauf 6 vol. qui sont cart. ou en demi-rel.

117. Romans et quelques poésies par MM. Paul Arène, A. Assolant, P. Bourget, L. Cladel, M. Colombier, Octave Feuillet, Gavarni, Glatigny, C. Joliet, E. Laboulaye, Michelet, Nadar, Richepin, A. Scholl, M. Uchard. — Réunion de 21 vol. in-12, demi-rel. v. f. ébarbés.

118. L'Ingénieux Hidalgo Don Quichotte de la Manche, par Miguel de Cervantès Saavedra, traduit et annoté, par Louis Viardot, Vignettes de Tony Johannot. *Paris, Dubochet*, 1836-1837, 2 vol. gr. in-8, front. et nombr. fig. sur bois, demi-rel. chag. grenat, dos orné.

Premier tirage.

119. Voyages de Gulliver dans des contrées lointaines, par Swift. Édition illustrée par Grandville. Traduction nouvelle. *Paris, Fournier*, 1838, 2 vol. in-8, front. sur Chine volant et nombr. fig. sur bois, demi-rel. v. r. dos orné.

Premier tirage. — Mouillure au Tome I.

120. Œuvres complètes de Sterne, traduites de l'anglais par une Société de gens de lettres. *Paris, Salmon*, 1825, 4 vol. in-8, portr. et pl. gr. demi-rel. v. bleu.

121. Daniel de Foë. Robinson Crusoé, traduction de Petrus Borel. Enrichi de la vie de Daniel de Foë par Philarète Chasles ; de notices sur le matelot Selkirk... par Ferd. Denis. Orné de 250 gravures sur bois. *Paris, Francisque Borel*, 1836, 2 vol. in-8, portr. et fig. sur bois, de Devéria, Boulanger, Isabey, Célestin Nanteuil, etc. demi-rel. mar. r. à long grain, dos orné.

Édition originale, très recherchée, de cette traduction qui appartient à la fois aux ouvrages romantiques et aux ouvrages illustrés.

122. Le Renard, ou le Procès des bêtes, avec des réflexions morales très utiles à un chacun. *Amsterdam et Bruxelles*, 1743, in-12, fig. sur bois, demi-rel. mar. r. avec coins, tête dor. ébarbé.

Traduction d'une imitation allemande du *Roman du Renard*, ornée de 21 curieuses figures sur bois.
Bel exemplaire relié sur brochure.

123. Contes fantastiques de Hoffman, traduction nouvelle, précédée de souvenirs intimes sur la vie de l'auteur, par P. Christian, illustrés par Gavarni. *Paris, Lavigne*, 1843, gr. in-8, pl. et vign. sur bois, cart. perc. violette, fers spéciaux.

Premier tirage, rare. — Taches d'humidité.

124. Lettres de Madame de Sévigné, de sa famille et de ses amis recueillies et annotées par M. Monmerqué. Nouvelle édition. *Paris, Hachette*, 1862-1866, 15 vol. (dont un *Album*) gr. in-8, demi-rel. chag. brun, dos orné, tête dor. ébarbé.

De la Collection des *Grands écrivains de la France.*

125. Correspondance complète de Mme Du Deffand avec la duchesse de Choiseul, l'abbé Barthélemy et M. Craufort, publiée par M. le Mis de Sainte-Aulaire. *Paris, Michel Lévy*, 1866, 2 vol. in-8, demi-rel. mar. bleu avec coins, tête dor. ébarbé. (*R. Petit.*)

Tomes II et III.

126. OEuvres de Blaise Pascal, 1 vol. (*Tome II; Exemplaire sur grand papier*). — OEuvres de A. Corneille. *Album*; Avis pour le Tome I, 1 fascicule. — OEuvres de Molière, *Album*. — *Paris, Hachette.* — Ens. 4 vol. in-8, br.

De la Collection des *Grands Écrivains de la France.*

127. OEuvres choisies de A. Rivarol, avec une préface par M. de Lescure. *Paris, Librairie des Bibliophiles*, 1880, 2 vol. in-8, portr. par Lalauze, demi-rel. chag. La Vall. non rog. couvertures.

De la *Nouvelle Bibliothèque classique.*
Exemplaire numéroté sur GRAND PAPIER DE HOLLANDE.

128. OEuvres choisies de D. Diderot, précédées d'une introduction par Paul Albert. *Paris, Librairie des Bibliophiles*, 1877-1879, 6 vol. in-8, portr. à l'eau-forte par Lalauze, demi-rel. chag. r. dos orné, non rog.

De la *Nouvelle Bibliothèque [classique.*
Exemplaire numéroté sur GRAND PAPIER DE HOLLANDE.

129. OEuvres choisies de V. Chamfort, publiées avec préface, notes et tables, par M. de Lescure. *Paris, Librairie des Bibliophiles*, 1879, 2 vol. in-8, portr. à l'eau-forte par Lalauze, demi-rel. chag. citron, dos orné, non rog.

De la *Nouvelle Bibliothèque classique.*
Exemplaire numéroté sur GRAND PAPIER DE HOLLANDE.

130. OEuvres de Louis-Napoléon Bonaparte, publiées par M. Charles Édouard Temblaire. *Paris, Librairie Napoléonienne*, 1848, 3 vol. in-8, demi-rel. chag. violet.

Édition rare.

131. Sainte-Beuve. Ouvrages divers. *Paris, Michel Lévy*, 1870-1876. — Réunion de 28 vol. in-12, demi-rel. v. f. dos orné, tête peigne, ébarbé. (*Rel. unif.*)

Portraits contemporains, 5 vol. — Premiers lundis, 3 vol. — Nouveaux lundis, 13 vol. — P. J. Proudhon, sa vie et sa correspondance, 1838-1848. — Étude sur Virgile, suivie d'une étude sur Quintus de Smyrne. — Souvenirs et indiscrétions. — Lettres à la Princesse. — Châteaubriand et son groupe littéraire sous l'Empire, 2 vol. — Chroniques parisiennes (1843-1845).

132. Ernest Renan : Marc-Aurèle et la fin du Monde antique. — Souvenirs d'enfance et de jeunesse (2 *exemplaires*). — *Paris,*

Calmann Lévy, 1882-1883. — Ens. 3 vol. in-8, demi-rel. mar. r. et grenat avec coins, tête dor. ébarbé et 1 vol. br.

133. Collection des auteurs latins avec la traduction en français, publiée sous la direction de M. Nisard. *Paris, Firmin Didot*, 1865-1871, 26 vol. gr. in-8, à 2 vol. demi-rel. v. r. bleu, f. ou vert.

Ammien Marcellin, Jornand, Frontin, Végèce, Modestus. — Caton, Varron, Columelle, Palladius. — Celse, Vitruve, Censorin, Frontin. — Cicéron. Œuvres complètes, 5 vol. — Cornélius Nepos, Quinte-Curce, Justin... — Horace, Juvénal... — Lucain, Silius Italicus, Claudien. — Lucrèce, Virgile, Valérius Flaccus. — Macrobe, Varron, Pomponius Méla. — Ovide. Œuvres complètes. — Quintilien et Pline le jeune. — Pétrone, Apulée; Aulu-Gelle. — Théâtre complet des latins comprenant : Plaute, Térence et Sénèque. — Pline. Histoire naturelle, 2 vol. — Sénèque. — Stace, Martial, Manilius. — Suétone. — Tacite. Tertullien et Saint Augustin. — Tite-Live, 2 vol.

134. Les Petits Chefs-d'œuvre. *Paris, Librairie des Bibliophiles*, 1870-1871, 51 vol. in-12, pap. de Holl. cart. bradel demi-perc. grise, non rog. couvertures.

Gresset : Ver-vert; le Méchant. — La Boétie. La Servitude volontaire. — Hamilton. Contes, 4 vol. — Chapelle et Bachaumont. Voyage. — Montesquieu. Le Temple de Gnide. — Regnard. Voyage de Laponie. — B. de Saint-Pierre. La Chaumière indienne. — Lettres portugaises. — J. de Berchoux. La Gastronomie. — Piron. La Métromanie. — Cazotte. Le Diable amoureux. — Fiévée. La Dot de Suzette. — Ch. Perrault. Mémoires. — Mlle Aissé, Lettres à Mme Calandrini. — Mme de Duras : Ourika; Édouard. — La Sablière. Madrigaux. — B. Constant. Adolphe; Beaumarchais; Clavijo. — Sedaine. Le Philosophe sans le savoir. — Mme de Genlis. Mlle de Clermont. — Hégésippe Moreau : Contes; Chansons. — Mme Necker. Réflexions sur le divorce. — Pascal. Discours sur les passions de l'amour. — Mme de Puysieux. Conseils à une amie. — Gilbert. Œuvres. — J.-J Rousseau : Les Rêveries du promeneur solitaire du contrat social. — Florian. Mémoires d'un jeune Espagnol. — Destouches. Le Glorieux. — Diderot. Est-il bon? est-il méchant? — La Fontaine, Champmeslé. La Coupe enchantée. — La Mothe-Fénelon. Fables. — Fléchier. Mlle de Combes. — E. A. Spoll. Les Matinées du Roi de Prusse. — Favart. La Chercheuse d'esprit. — Prince de Ligne. Lettre à la Mise de Caigny. — Voltaire. Mémoires. — Poincinet. Le Cercle. — Descartes. Discours de la Méthode. — Dorat. Œuvres choisies. — Marivaux. La Surprise de l'amour — F. de Lamennais. Paroles d'un croyant. — C. de Rulhière. Anecdotes sur le Mal de Richelieu. — Diderot. Le Neveu de Rameau. — Bonnard. Œuvres choisies.

135. Petite Bibliothèque littéraire. *Paris, Lemerre*, 1877-1887, 14 vol. in-12, pap. vergé, portr. br.

Œuvres complètes de W. Shakespeare, traduites par François-Victor-Hugo, 7 vol. (tomes I à VII; le tome 1 est incomplet des pp. 245 à 248. — Voltaire, Romans, 1 vol. (tome I). — Le Sage. Théâtre, 1 vol. — Molière, 2 vol. (tomes VI et VIII). — Michelet. Histoire de France au XVIIe siècle. Louis XIV et la révocation de l'Édit de Nantes, 1 vol. — Barbey d'Aurevilly. Les Diaboliques, 1 vol. — Biographie de Alfred de Musset, 1 vol.

136. Mélanges historiques et littéraires. — Réunion de 33 vol. dont 3 in-8 et les autres in-12, reliés la plupart en demi-v. f. ébarbés.

Wallon. La Terreur; Banville : Esquisses parisiennes, Paris vécu; G. Claudin. Nos souvenirs; H. Taine. Voyage aux Pyrénées; V. Tissot : Voyage aux pays annexés. Les Prussiens en Allemagne; Balbi. Géographie; Veuillot : Les Odeurs de Paris. Les Couleuvres; Tascher de la Pagerie. Mon séjour aux Tuileries; Vasili. La Société de Berlin; De Grammont. La France et la Prusse avant la Guerre, A. Dumas fils. La Question du Divorce; etc., etc.

137. Auteurs anglais, italiens, etc. — Réunion de 15 vol. in-12, demi-rel. v. f. ou cart.

> Tom Jones, ou l'Enfant trouvé. *Paris*, 1823, 4 vol. fig. — La Famille du duc de Popoli. *Paris*, 1811, 2 vol. — Poems, by Alfred Tennyson. *Londres*, 1869. — L'Épicurien, par Thomas Moore. *Paris, Renouard*, 1827. — Ed. Bulwer-Lytton. Celia, ou les Mystères, 1880. — Jérusalem délivrée. *Paris, Bossange*, 1823, 2 vol. fig. (*avant la lettre*). — Manzoni, Les Fiancés. *Paris, Garnier*, 1877, 2 vol. fig. — La Chaîne du Diable, par Ed. Jenkins, 1879. — Pensées de Christine, reine de Suède. *Paris, Renouard*, 1825, portr. et fac similé, texte encadré.

138. Nouvelle Géographie universelle. La Terre et les hommes, par Élisée Reclus. *Paris, Hachette*, 1875-1889, 14 vol. gr. in-8, nombr. fig. pl. et cartes, demi-rel. chag. r. avec coins, dos orné.

> Tomes I à XIV.

139. Carte de la France dressée par le service vicinal par ordre du Ministre de l'Intérieur à l'échelle du 100.000^{ème} (1 centimètre par kilomètre). *Paris, Hachette*, 1890-1892, 143 feuilles collées sur toile et pliées, y compris 1 tableau d'assemblage, en 14 étuis de format in-8, chag. r.

140. Éphémérides universelles, ou Tableaux religieux, politique, littéraire, scientifique et anecdotique présentant, pour chaque jour de l'année un extrait des annales de toutes les Nations et de tous les siècles depuis les temps historiques jusqu'au 1er janvier 1828, par MM. Aubert de Vitry, Boisseau, Bory de Saint-Vincent, Dulaure, Guizot... *Paris, Corby*, 1828-1833, 13 vol. in-8 dont 1 vol. de table, cart. non rog.

141. Histoire des Religions et des mœurs de tous les Peuples du Monde avec 600 gravures, représentant toutes les Cérémonies et Coutumes religieuses, dessinées et gravées par le célèbre B. Picart, publiées en Hollande, par J. Fr. Bernard, augmentée de l'Histoire des religions des derniers Peuples découverts depuis cinquante ans... avec 30 planches nouvelles. Deuxième édition. *Paris, Belin*, 1816-1819, 6 vol. in-4, nombr. pl. gr. et pliées, demi-rel. v. br. fil.

142. Le Tour du Monde, nouveau journal des Voyages. (*Paris, Hachette*, 1860-1868), 31 vol. in-4 à 2 col. nombr. fig. sur bois et cartes, demi-rel. chag. violet, dos orné.

> Cet ouvrage a été *divisé par pays* et relié de la manière suivante, sans titre : Europe, 8 vol. — Asie, 8 vol. (tomes I VII et IX). — Afrique, 6 vol. — Amérique du Nord, 2 vol. Amérique du Sud, 4 vol. — Océanie, 1 vol. — Pôle Nord, 1 vol. — L'Année géographique, 1861-1888, 1 vol. Ce dernier volume contient les tables.

143. Voyage pittoresque autour du Monde, résumé des découvertes de Magellan, Tasman, Dampier, Anson, Byron, Wallis, Bougainville, Cook, La Pérouse, etc. publié sous la direction de M. Dumont d'Urville, accompagné de cartes et de nombreuses gravures sur acier d'après les dessins de M. de Sainson. *Paris, Furne*,

1839, 2 vol. gr. in-8 à 2 col. nombr. pl. et cartes gr. demi-rel.
chag. r. dos orné.

144. Voyage autour du Monde de l'*Astrolabe* et de la *Zélée*, sous les
ordres du Contre-Amiral Dumont-d'Urville, pendant les années
1837, 38, 39 et 40, par Élie Le Guillou. Ouvrage enrichi de nom-
breux dessins et de notes scientifiques, mis en ordre par J. Arago.
Deuxième édition. *Paris, Berquet*, 1843, 2 vol. in-8, nombr. pl.
lithog. tirées sur Chine et fac-similé, demi-rel. chag. violet, tr.
dor.

145. The Landscape annual. Illustrated from drawings by David
Robert, Harding, James Holland. *London, Jenning*, 1834-1839,
5 vol. in-8, front. et nombr. pl. gr. sur cuivre, chag. vert, dos
orné, fil. et comp. à fr. tr. dor.

> Année 1834. The Tourist in France, by Thomas Roscoe. — Année 1835. The Tou-
> rist in Spain. Granada. — Année 1836. The Tourist in Spain. Andalusia. —
> Année 1838. The Tourist in Spain and Morocco. — Année 1839. The Tourist in
> Portugal, by W. H. Harisson.

146. Voyage Pittoresque à travers l'isthme de Suez. Album de S.
M. l'Impératrice, aquarelles d'après nature, lithographiées en
couleur par Eugène Ciceri. *Paris, Dupont, s. d.* gr. in.-fol. cart.
perc. violette.

> Titre, table, portrait de Ferdinand de Lesseps, tiré sur Chine, 20 pl. et carte,
> montés sur onglets.

147. Henri M. Stanley. A Travers le Continent mystérieux, décou-
verte des sources méridionales du Nil... durée de l'expédition :
999 jours, distance parcourue : 7158 milles ou 11,517 kilomètres.
Ouvrage traduit de l'anglais par Mme H. Moreau et contenant
9 cartes et 150 gravures. *Paris, Hachette*, 1879, 2 vol. gr. in-8,
portr. fig. pl. et cartes, demi-rel. v. f. dos orné, ébarbé.

148. Le Moyen Age et la Renaissance, par Paul Lacroix et Ferd. Séré.
Paris, 1848, in-4, planches en noir et en couleur, vignettes dans
le texte. demi-rel. chag. bleu.

> Tome I.

149. Description générale et particulière de la France (publiée par
De Laborde, Guettard, Béguillet, etc.). *Paris, Pierres, Lamy*, 1781-
1800, 12 vol. gr. in-fol. environ 800 pl. gr. d'après Daubigny,
Lallemant, Lespinasse, Monnet, Moreau, Tavernier, etc. demi-
bas. r. à long grain, non rog.

> Tout ce qui a paru de cet ouvrage recherché.
> Belles épreuves.

150. Guide pittoresque du Voyageur en France, contenant la statistique et la description complète des 86 Départements... par une
Société de gens de lettres, de géographes et d'artistes (par Girard
de Saint-Fargeau). *Paris, Firmin-Didot*, 1836-1838, 6 vol. in-8 à
2 col. nombr. pl. et cartes gr. sur acier, demi-rel. v. bleu, dos
orné, non rog.

151. Statistique générale et particulière de la France et de ses co-
lonies, avec une nouvelle description de cet État... publié par E.
Herbin. *Paris, Buisson*, 1803, 7 vol. in-8 et 1 atlas in-4, v. ant. granit.

Exemplaire ayant appartenu à NAPOLÉON Ier à Sainte-Hélène, ainsi que le
témoigne une note autographe d'Edw. HAWKE LOCKER. — *Ex-libris* de ce dernier.

152. Nouvelle Collection des Mémoires, pour servir à l'Histoire de
France, depuis le xiiie siècle jusqu'à la fin du xviiie... par MM. Mi-
chaud et Poujoulat. *Paris*, 1836-1839, 32 vol. gr. in-8 à 2 col.
demi-rel. v. bleu, dos orné.

153. Mémoires complets et authentiques du Duc de Saint-Simon,
sur le règne de Louis XIV et la Régence, collationnés sur le ma-
nuscrit original, par M. Chéruel et précédés d'une notice, par
M. Sainte-Beuve. *Paris, Hachette*, 1856-1858, 20 vol. in-8, portr.
et fac-similés, demi-rel. v. vert, dos orné, tr. r.

154. Livre-Journal de Lazare Duvaux marchand-bijoutier ordinaire
du Roy, 1748-1758. Précédé d'une étude sur le goût et sur le
commerce des objets d'art au milieu du xviiie siècle, et accompagné d'une table alphabétique des noms d'hommes, de lieux et
d'objets mentionnés dans le Journal et dans l'introduction. (Publié par L. Courajod). *Paris*, 1873, 2 vol. gr. in-8, front. demi-
rel. chag. r. avec coins, tête dor. ébarbé. (*Chatelin.*)

Ouvrage publié par la *Société des Bibliophiles français* et tiré à petit nombre ;
il est orné d'un frontispice répété à chaque volume et d'une vignette, le tout
gravé à l'eau-forte.

155. Le Gazetier cuirassé, ou Anecdotes scandaleuses de la Tour de
France (par Theveneau de Morande). *Imprimé à cent lieues de la
Bastille à l'enseigne de la Liberté*, 1771, front. gr. Mélanges confus
sur des matières fort claires, par l'auteur du Gazetier Cuirassé.
Imprimé sous le Soleil (Londres), 1771. — Le Philosophe cynique
pour servir de suite aux Anecdotes scandaleuses de la cour de
France (par le même). *Imprimé dans une Isle qui fait trembler la
terre ferme (Londres*, 1777), 3 parties de xv, 93 et xx pp. — Ens.
3 ouvrages en 1 vol. in-8, front. gr. cart. non rog.

156. Mémoires inédits de Madame la Comtesse de Genlis, sur le
xviiie siècle et la Révolution française, depuis 1756 jusqu'à nos
jours. *Paris, Ladvocat*, 1825, 10 vol. in-8, cart. ébarbé.

157. Révolution de 1789. — Réunion de 8 pièces en 1 vol. in-8, bas
ant. marb.

Dissertation civico-théologique, ou Discours sur l'organisation civile du clergé,
1791. — Lettre de Monsieur M. professeur de théologie à Monsieur N. curé des
environs de Limoges. — Seconde lettre (du même) 1791 (sur *papier bleu*). — Commentaire mimico-critique sur la réponse... 1791, etc., etc.

158. Chant de guerre National, connu sous le nom d'Hymne des
Marseillais. *Nota*. Cette édition est conforme à une copie donnée
par l'auteur. S. l. 1792, petit in-8 de 4 pp. cart. perc. r.

Rare.

159. Mémoires historiques de Stéphanie-Louise de Bourbon-Conti, écrits par elle-même. *Paris, an VI,* (1798), 2 tomes en 1 vol. in-8, demi-rel. bas. grenat..

> Signature autographe de l'auteur sur le faux-titre. — Beau portrait gravé au physionotrace et armoiries ajoutés.

160. Histoire de Napoléon, par M. de Norvins. Vignettes par Raffet. *Paris, Furne,* 1840, gr. in-8, front. sur acier, pl. et fig. sur bois, demi-rel. chag. r. dos orné.

161. Mémorial de Sainte-Hélène, par le Cte de Las Cases; suivi de Napoléon dans l'exil, par MM. O'Méara et Antomarchi, et de l'historique de la translation des restes mortels de l'Empereur Napoléon aux Invalides. *Paris, Ernest Bourdin,* 1842, 2 vol. gr. in-8, front. nombr. fig. sur bois dans le texte, pl. hors texte sur Chine et cartes, demi-rel. chag. noir avec coins, fil.

> Premier tirage. — Le tome II est déboîté.

162. Tableau des guerres de la Révolution de 1792 à 1815, par P. G. (P. Gayant), ancien élève de l'École Politechnique. Ouvrage accompagné de 20 cartes géographiques, et orné de 30 portraits des Généraux qui ont commandé en chef les armées françaises. *Paris, Paulin,* 1838, gr. in-8, portr. et cartes gr. cart. dos de perc. r. non rog.

163. Mémoires du Général Bon de Marbot. Cinquième édition. *Paris, Plon,* 1891, 3 vol. in-8, portraits, pl. et fac-similés, demi-rel. chag. r. ébarbé.

> Légère mouillure au Tome II.

164. Les Origines de la France contemporaine par H. Taine. La Révolution. *Paris, Hachette,* 1892-1894, 3 vol. in-8, demi-rel. chag. bleu, dos orné, non rog. couvertures.

165. Journal des Goncourt. Mémoires de la vie littéraire. *Paris, Charpentier,* 1887-1896, 9 vol. in-12, br.

> Quatre tomes sont débrochés.

166. Maxime Du Camp. Les Convulsions de Paris. *Paris, Hachette,* 1878, 2 vol. in-8, demi-rel. v. f. ébarbé.

> Tome I. Les Prisons pendant la Commune, — Tome II. Épisodes de la Commune. Les Maires et le Comité central. Le Palais de la Légion d'Honneur. Le Palais des Tuileries. Les Musées du Louvre, etc.

167. Voyage pittoresque de Paris ou indication de tout ce qu'il y a de plus beau dans cette grande ville en peinture, sculpture et architecture par M. D*** (d'Argenville). Seconde édition revue et augmentée des cabinets de tableaux de particuliers. *A Paris, chez de Bure l'aîné,* 1752, in-12, front. gravé en couleur par J. Robert, pl. par Choffard, rel. v. ant.

168. Description historique de la ville de Paris et de ses environs,
par Piganiol de La Force. *Paris, Desprez*, 1765, 10 vol. in-12,
plans et nombr. planches gr. v. ant. fatig.
  Ouvrage important et recherché.

169. Histoire physique, civile et morale de Paris, depuis les premiers temps historiques jusqu'à nos jours... par J. A. Dulaure.
Seconde édition considérablement augmentée en texte et en
planches. *Paris, Guillaume*, 1823, 10 vol. in-8 de texte avec nombr.
pl. sur acier et 1 atlas in-4 obl. de 48 pp. de texte et 5 plans gr.
et coloriés, demi-rel. v. f. dos orné, non rog.

170. Paris a travers les ages, aspects successifs des monuments et
quartiers historiques de Paris, depuis le xiiie siècle jusqu'à nos
jours, fidèlement restitués d'après les documents authentiques,
par M. F. Hoffbauer, architecte. Texte par MM. Ed. Fournier,
P. Lacroix, A. de Montaiglon, A. Bonnardot, J. Cousin, Fran-
klin, Valentin Dufour, etc. *Paris, Firmin-Didot*, 1875-1882, 2 tomes en 14 livraisons in-fol. fig. pl. et plans en noir et en couleur en feuilles dans 14 cartons, dos de perc. r.
  Premier tirage.

171. Paris dans sa splendeur. Monuments, vues, scènes historiques,
descriptions et histoires; dessins et lithographies par MM. Philippe Benoist, Jules Arnout, Bachelier, Bayot, Félix Benoist...
Texte par MM. Audiganne, Victor Fournel, Albert Lenoir,
A. Darcel... *Paris, Charpentier*, 1861, 3 vol. in-fol. fig. sur bois et
nombr. pl. lithogr. demi-rel. chag. vert, fil. tête dor. ébarbé.

172. Histoire de la Marche et du pays de Combraille, par M. Joul-
lietton. *Guéret, Betoulle*, 1814-15, 2 tomes en 1 vol. in-8, v. rac.
dos orné, fil. tr. marb.

173. Armorial de la ville de Marseille. Recueil officiel dressé par
les ordres de Louis XIV, publié pour la première fois d'après les
manuscrits de la Bibliothèque Impériale, par le Comte Godefroy
de Montgrand, gentilhomme provençal. *Marseille, Gueidon*, 1864,
gr. in-8, front. et fig. de blasons, br.
  Tiré à 250 exemplaires.

174. Rome, Naples et Florence, par M. de Stendhal (H. Beyle). Troisième édition. *Paris, Delaunay*, 1826, 2 vol. in-8, cart. perc.
orange, tête dor. non rog.
  Édition plus complète que celles qui l'ont précédée.
  Petites taches.

175. Le Monde pittoresque et monumental. L'Angleterre, l'Écosse
et l'Irlande, par P. Villars, 4 cartes en couleur et 600 gravures.
Paris, Quantin, s. d. in-4, fig. et cartes, demi-rel. chag. grenat,
plats perc. estampée, dos orné, armoiries, tr. dor.

176. Les Mœurs de Londres, ou les Crimes de la coquetterie. Traduit de l'anglais, par E. L. (E. Lagentie de Lavaisse). *Paris, Marchant*, 1802, 2 vol. in-16, tirés in-8, pap. de Holl. 2 fig. par Huot, cart.

Intéressante étude des mœurs anglaises.

177. Paul Gaffarel. L'Algérie. Histoire, conquête et colonisation. Ouvrage illustré de 4 chromolithographies, de 3 belles cartes en couleur et de plus de 200 gravures sur bois (dont 22 hors texte). *Paris, Firmin-Didot*, 1883, gr. in-8, fig. pl. noires et en couleur et carte, demi-rel. chag. r. avec coins, dos orné, fil. tête dor. non rog.

178. Monuments anciens et modernes de l'Hindoustan, décrits sous le double rapport archéologique et pittoresque... par L. Langlès... la gravure dirigée par A. Boudeville. *Paris, Boudeville*, 1817, in-fol. nombr. pl. gr. cart. dos de perc. grise.

Tome II.

179. La Science des Armoiries, par M. Bachelin-Deflorenne, avec gravures dans le texte. *Paris, Librairie des Bibliophiles*, 1880, in-8, blasons gr. br. — Le Blason des couleurs, en armes, livrées et devises, par Sicile, publié et annoté par Hippolyte Cocheris. *Paris, Aubry*, 1860, in-8, fig. br. — Ens. 2 vol.

Tirés à petit nombre.

180. Académie des sciences et des arts, contenant les Vies, et les Éloges historiques des Hommes Illustres, qui ont excellé en ces professions depuis environ quatre siècles parmy diverses nations de l'Europe : avec leurs Pourtraits tirez sur des originaux au naturel, et plusieurs Inscriptions funebres, exactement recueillies de leurs tombeaux, par Isaac Bullart. *Bruxelles, Foppens*, 1682, 2 vol. in-fol. v. ant. granit.

Livre recherché à cause des portraits gravés par Larmessin et autres, dont il est orné.

181. Mémoires de Jacques Casanova de Seingalt, écrits par lui-même. Edition complète. *Bruxelles, Rozez*, 1872, 6 vol. in-8, pap. vergé, br.

182. MANUEL DU LIBRAIRE et de l'amateur de livres... par Jacques-Charles Brunet. Cinquième édition. *Paris, Firmin Didot*, 1860-1865, 6 vol. gr. in-8 à 2 col. demi-rel. chag. brun, tr. peigne. (*Galette*.)

183. Dictionnaire de géographie ancienne et moderne à l'usage du libraire et de l'amateur de livres... par un Bibliophile (P. Deschamps). *Paris, Firmin Didot*, 1870, gr. in-8 à 2 col. demi-rel. chag. brun, tr. peigne.

184. Annales de l'Imprimerie des Estienne, ou Histoire de la famille des Estienne et de ses éditions, par Ant. Aug. Renouard.

Deuxième édition. *Paris, Renouard,* 1843, in-8, fac-similé, demi-rel. chag. violet, dos orné, tête dor. ébarbé.

185. Catalogue de la Bibliothèque d'un amateur (A. A. Renouard), avec notes bibliographiques, critiques et littéraires. *Paris, chez Ant. Aug. Renouard,* 1829, 4 vol. in-8, demi-rel. mar. r. à grain long, ébarbés. — Catalogue de la Bibliothèque de feu M. Antoine-Augustin Renouard. *Paris,* 1854-1855, 3 parties (et tables de prix) en 1 vol. in-8, demi-rel. chag. vert, non rog. — Ens. 5 vol.

186. Catalogue de la Bibliothèque de M. Ricardo Hérédia, comte de Benahavis. *Paris, Em. Paul, L. Huard et Guillemin,* 1891-1894, 4 vol. in-4, fig. pl. et nombr. fac-similés, br.

Exemplaire sur GRAND PAPIER DE HOLLANDE.

187. L'Art. Revue hebdomadaire illustrée. *Paris, Heymann,* 1875-1885, 39 tomes en 3 vol. et 461 livraisons in-fol. nombr. fig. dans le texte et pl. gr. à l'eau-forte, br.

Tomes I à XXXIX.

188. La Caricature. A Robida, rédacteur en chef. *Paris, Librairie illustrée,* 1880, 52 numéros en 1 vol. in-fol. nombr. fig. noires et en couleur, br. couverture illustrée.

189. Le Charivari. *Paris,* 1er *janvier* 1858 *au* 30 *décembre* 1870, 13 années en 26 vol. in-fol. nombr. fig. demi-rel. bas violette.

De la XXVII° à la XXXIX° année.

190. Le Figaro. H. de Villemessant et B. Jouvin, rédacteurs en chef. *Paris,* 15 *avril* 1858 *au* 11 *novembre* 1866, 9 années en 14 vol. in-fol. fig. demi-rel. bas. violette.

De la V° à la XIII° année.

191. L'Illustration. *Paris,* 1843-1893, 94 tomes en 79 vol. in-fol. nombr. fig. demi-rel. bas. et chag. r.

Tomes I à LXXIV, LXXVI à XC et XCVI à CII. — On y a ajouté 38 livraisons dépareillées.
Exemplaire fatigué sauf pour les 6 derniers volumes; quelques titres manquent et plusieurs feuilles sont détachées.

192. Le Journal amusant, journal illustré, journal d'images, journal comique, critique, satirique, etc. *Paris,* 1860-1869, 9 vol. in-fol. nombr. fig. demi-rel. bas. verte.

Années 1860 à 1867 et 1869 plus 20 numéros dépareillés.

193. Le Monde illustré, par MM. Amédée Achard, Ch. d'Argé, Babinet, H. Berlioz, J. Doucet, A. Dumas, P. Féval, L. Gozlan, A. Houssaye, Ch. Monselet, George Sand, etc. *Paris,* 1858-1887, 58 tomes en 42 vol. in-fol. nombr. fig. demi-rel. bas. verte ou chag. r.

Tomes II à XXXI et XXXIV à LXI. — Quelques volumes des années 1870 à 1881 sont en double; on y a ajouté 60 livraisons dépareillées.
Exemplaire fatigué incomplet de plusieurs titres.

194. Le Nain Jaune. Rédacteur en chef : Aurélien Scholl. *Paris,
16 Mai 1863 (origine) au 26 Mai 1867, 6 vol. in-fol. à 3 col. demi-
rel. bas. r.

195. La Revue de Paris. *Paris* 1894 *(origine)* à 1896, 3 années en
65 livraisons in-8, br.

> La première année est incomplète du n° 9 ; la seconde des n°ˢ 13 et 23 ; la
> troisième des n°ˢ 9 et 10. Les n°ˢ 23 et 24 de la troisième année sont en double
> et on y a ajouté le n· 1 de la quatrième.

196. Revue encyclopédique, Recueil documentaire universel et
illustré, publié sous la direction de M. Georges Moreau. *Paris,
Larousse,* 1891-1894, 4 vol. in-4 à 2 col. nombr. fig. dans le texte,
demi-rel. chag. r. plats perc.

> Les 4 premières années. — On y a ajouté : les n°ˢ 104 à 116 de la 5ᵉ année ;
> les n°ˢ 124 à 133, 135 à 158, 161 à 173 de la 6ᵉ année et les n°ˢ 174 à 180 de la
> 7ᵉ année plus 5 n°ˢ dépareillés.

197. The Graphic, an Illustrated weekly Newspaper. *London,* 1891-
1893, 6 vol. in-fol. à 3 col. pl. et nombr. fig. demi-rel. chag.
bleu avec coins.

> Tomes XLIII à XLVIII.

198. The Illustrated London News. *London,* 1867-1884, 33 tomes en
24 vol. in-fol. fig. demi-rel. bas. et chag. r. fatigués.

> Tomes L à LXXIX, LXXXI, LXXXIV et LXXXV. — Les tomes LVI et
> LVII (*année* 1870) sont en double.

N° 853

Paris. — Typ. Chamerot et Renouard, 19, rue des Saints-Pères. — 36482.